UN FOCO EN LA NATURALEZA

EL HIPOPÓTAMO

LISA M. BOLT SIMONS

CREATIVE EDUCATION - CREATIVE PAPERBACKS

Publicado por Creative Education y Creative Paperbacks
P.O. Box 227, Mankato, Minnesota 56002
Creative Education y Creative Paperbacks son sellos
de The Creative Company
www.thecreativecompany.us

Diseño y producción de Blue Design, Inc.
Dirección artística por Tom Morgan
Editado por Jill Kalz

Fotografías por Alamy Stock Photo/imageBROKER/Mark Newman, 11; Dreamstime/Afhunta, 28, CrailsheimStudio, 3, 6, 29, Crazy80frog, 18, Friedemeier, 26, Mbolina, 15, 16, Nikovfrmoto, 6, Ondrej Prosicky, 21, Suzanna Ruby, 10; flickr/Biodiversity Heritage Library, 8, 10, 14, 16, 20, 22; Pexels/Leon Aschemann, 4-5; Shutterstock/Chris Alleaume, 9, Civdis, 29, Johannes Zoetekouw, 22, Sam DCruz, 21, warmer, 29; Unsplash/Emmy Shingiro, 27, Jochen van Wylick, 23, Julie Wolpers, 29, Petra Bouchalova, 24, Random Person, 17, Stephen Tafra, portada, 1; Wikimedia Commons/Dominik Angstwurm, 14, Reinhard Onasch, 12

Library of Congress Cataloging-in-Publication Data
LCCN: 2024053917
Library binding ISBN: 9798889899204
Paperback ISBN: 9781682779606
eBook ISBN: 9798889899990

Impreso en India

CONTENIDO

CONOCE A LA FAMILIA

Hipopótamos comunes de río

del Parque Nacional de Murchison Falls

El Parque Nacional de Murchison Falls es uno de los 10 parques nacionales de Uganda, un país sin salida al mar del este de África. Creado en 1952, es la mayor zona protegida del país y una de las más antiguas.

Dentro del parque, el río Nilo Blanco se cuela por un cañón de roca oscura de 6,1 metros (20 pies) de ancho. Después **se sumerge** 45 m (148 pies) para formar la cascada de Murchison. El parque también cuenta con sabana y bosque. Más de 550 especies de aves y 140 de mamíferos, como jirafas, elefantes, leopardos e hipopótamos, tienen allí su hogar.

Es abril, un mes de la estación de lluvias. Una **hinchazón** de hipopótamos está sumergida donde el río Nilo se desvía del lago Alberto.

Una hipopótamo hembra ha esperado ocho meses este momento. Se sacó de la hinchazón hace una semana. Ahora, de pie sola en el agua poco profunda, su cuerpo se tensa. Una nueva vida está a punto de comenzar.

PRIMER PLANO

Cierre hermético

Desde que nace un hipopótamo, sus orejas y orificios nasales se cierran automáticamente para impedir la entrada de agua. A menudo, la cría nace en el agua. Como las orejas y las fosas nasales se cierran, la cría puede beber la leche de su madre bajo el agua.

CAPÍTULO UNO

LA VIDA COMIENZA

Los hipopótamos son mamíferos grandes, con forma de barril, de color marrón grisáceo y patas cortas. Son semiacuáticos. Pasan parte de su vida en el agua y parte en tierra. Hay dos especies de hipopótamos, el común y el pigmeo. Los hipopótamos comunes miden 1,5 m (5 pies) de altura. Los machos adultos miden una media de 4,9 m (16 pies) y las hembras 4,3 m (14 pies). Pesan una media de 1.452 kilogramos (3.200 libras). Los hipopótamos pigmeos son más pequeños, miden la mitad y pesan la mitad que los hipopótamos comunes.

Los hipopótamos tienen **adaptaciones** que encajan perfectamente en el mundo semiacuático. Tienen los ojos, los orificios nasales y las orejas en la parte superior de la cabeza. Tienen patas palmeadas. Sus huesos son muy densos, lo que permite a los hipopótamos caminar en aguas profundas sin flotar hasta la superficie. Sus cortas patas equilibran sus grandes cuerpos en tierra cuando llega la hora de pastar. Los hipopótamos deben tener acceso al agua para mantener la piel húmeda. Si la piel se seca al sol, se agrieta.

HITOS DEL HIPOPÓTAMO COMÚN DE RÍO

DÍA 1

- Nace en el agua o en tierra
- Las patas traseras salen primero
- Se alimenta bajo el agua
- Peso: casi 45 kg (100 libras)

Los hipopótamos pueden sobrevivir durante un tiempo en zonas fangosas si no disponen de agua.

Después de pasar el día en el agua, los hipopótamos salen a tierra por la noche para comer. Los hipopótamos son principalmente herbívoros. Comen sobre todo hierba y otras plantas cerca del agua, aunque se sabe que en ocasiones comen carne. Rara vez se alejan más de 3,2 kilómetros (2 millas) del agua en busca de alimento. Los hipopótamos agarran la vegetación con los labios y la desgarran. Mastican con los dientes posteriores, llamados molares. Sus estómagos tienen tres cámaras que pueden contener comida para dos días. Cada día, los hipopótamos ingieren entre 25 y 40 kg (55–88 libras) de comida. En caso necesario, pueden pasar semanas sin comer.

PRIMER PLANO

Mandíbulas

Las mandíbulas del hipopótamo son enormes. Se abren casi 180 grados. La mordedura de este animal es tres veces más fuerte que la de un león y puede cortar un cuerpo humano por la mitad.

FAMILIA DESTACADA

Bienvenido al mundo

La hembra de hipopótamo da a luz en las aguas poco profundas del Parque Nacional de las cataratas Murchison. Su cría, una versión en miniatura de su madre, entra en el agua con las patas traseras por delante. Trata torpemente de nadar en su nuevo mundo acuático, pero no encuentra el camino hacia la superficie. La madre se sumerge. Con el hocico, empuja a su cría hacia arriba. La cría sale del agua y sacude la cabeza, agitando las orejas. Sus fosas nasales se abren para respirar por primera vez. La madre se acerca nadando y los dos empiezan a estrechar lazos inmediatamente.

Los hipopótamos son originarios de África. Los hipopótamos comunes viven en países al sur del desierto del Sahara, mientras que los hipopótamos pigmeos viven en Liberia, Costa de Marfil, Guinea y Sierra Leona.

Los hipopótamos son uno de los animales más agresivos y peligrosos de África. Pero todos empiezan siendo bebés indefensos, llamados crías. Una cría recién nacida no tiene dientes. Se alimenta únicamente de la leche de su madre durante el primer mes de vida. Tampoco tiene forma de protegerse. Depende de su madre y de otros hipopótamos para mantenerse a salvo.

1 HORA

- Aprende a nadar
- Aguanta la respiración unos 40 segundos

1 MES

- Empieza a pastar

PRIMER PLANO

Dedos palmeados

El hipopótamo común tiene cuatro dedos palmeados en cada pata. Las **membranas** ayudan a los hipopótamos a caminar por charcas y lechos de ríos fangosos y rocosos. Sin embargo, a pesar de esta característica, los hipopótamos no saben nadar.

FAMILIA DESTACADA

Primera comida

La cría vuelve bajo el agua para mamar, **instintivamente** encontrando uno de los pezones de su madre. Se amamanta durante unos 40 segundos y luego sale a la superficie a respirar. Lo hace una y otra vez: arriba y abajo, arriba y abajo. Mientras tanto, la madre ve un cocodrilo al acecho en la orilla. Coloca su enorme cuerpo entre el depredador y su cría, dispuesta a matarlo si se acerca demasiado. Pasan los minutos y el reptil se aleja. La cría permanece a salvo al lado de su madre.

El hipopótamo es el
TERCER MAMÍFERO
TERRESTRE MÁS PESADO VIVO.

Elefante africano: 2.994–5.897 kg (6.600–13.000 libras)
rinoceronte blanco: 1.397–3.592 kg (3.080–7.920 libras)
hipopótamo común: 1.385–2.065 kg (3.053–4.552 libras)

(2) MESES

- Toma leche y roza
- Puede permanecer bajo el agua unos dos minutos

PRIMER PLANO

Caninos

Un hipopótamo tiene dos afilados caninos en la parte inferior de la boca. Estos dientes pueden llegar a medir casi 61 centímetros (2 pies) y se utilizan sobre todo para luchar.

CAPÍTULO DOS

PRIMERAS AVENTURAS

La madre hipopótamo y su cría permanecen separadas de la hinchazón entre 10 y 14 días después del parto. Forman un vínculo. La cría aprende la voz y el olor de su madre. Cuando los dos regresan a la hinchazón, otros hipopótamos ayudan a proteger a la cría. Las hienas, los leopardos y los leones son amenazas. Durante el primer año de vida de la cría, también lo son los cocodrilos del Nilo. A veces, incluso otros hipopótamos son un peligro. Las crías pueden quedar atrapadas en medio de peleas entre adultos. Pueden ser aplastados o mordidos, incluso por uno de sus padres.

Otros animales no son la única amenaza para los hipopótamos. La gente mata a miles de hipopótamos cada año. Algunos mueren en defensa propia o para obtener carne. Pero muchos son cazados ilegalmente por sus dientes de marfil, cráneos y piel. Las crías huérfanas, sobre todo las que aún están amamantando, tienen pocas posibilidades de sobrevivir sin su madre.

La unión hace la fuerza, por lo que las hinchazones abandonan el agua para pastar en tierra. El tamaño de un bloat varía entre 2 y 150 hipopótamos. La

6 MESES

- Deja de amamantar
- Se roza con la madre

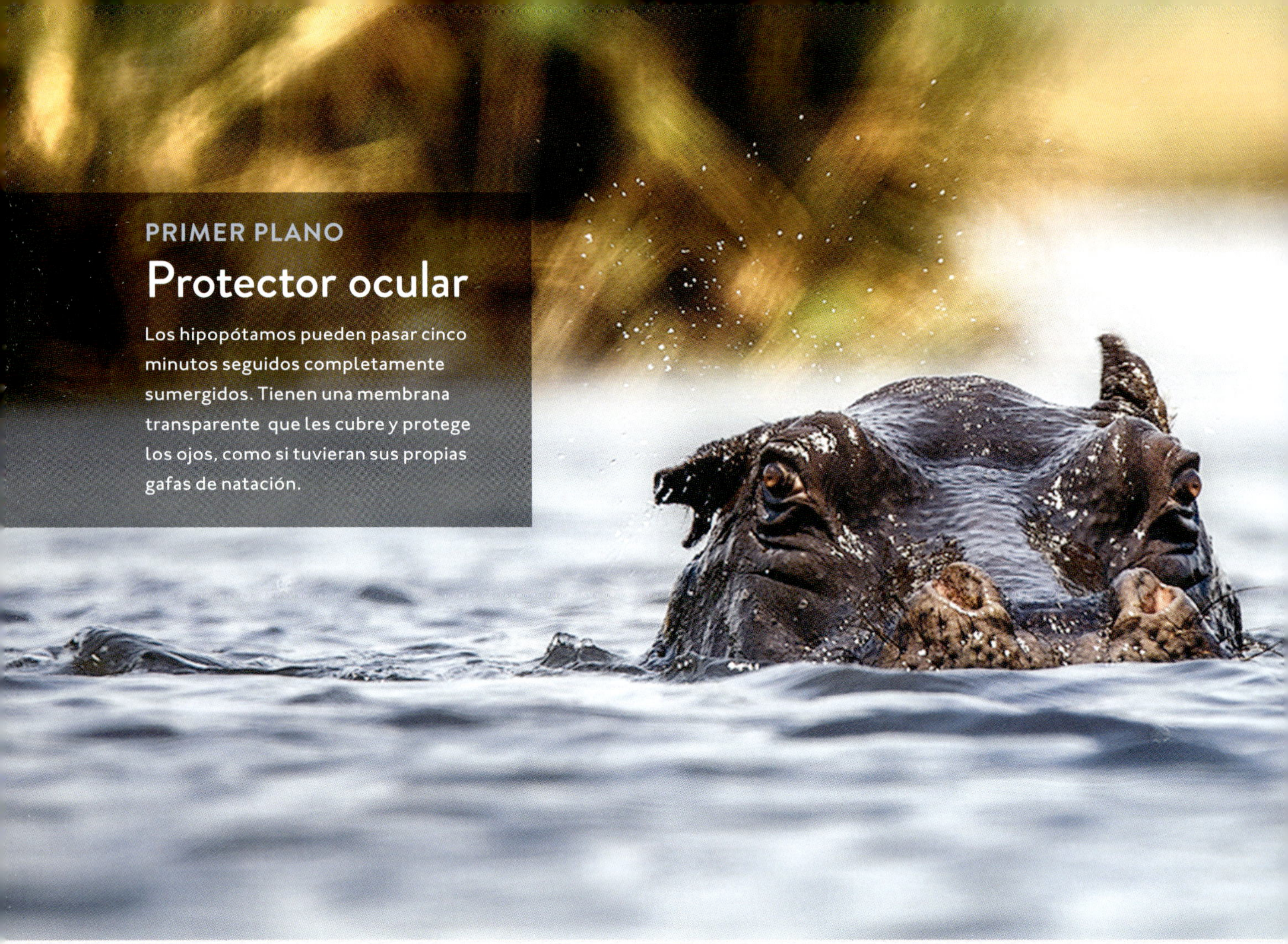

PRIMER PLANO

Protector ocular

Los hipopótamos pueden pasar cinco minutos seguidos completamente sumergidos. Tienen una membrana transparente que les cubre y protege los ojos, como si tuvieran sus propias gafas de natación.

FAMILIA DESTACADA

Hora de pastar

Después del primer mes, es hora de que la cría empiece a comer por la noche como los demás hipopótamos. Pero hay que practicar. La cría empieza con un trozo de bambú. Lo intenta una y otra vez, pero sus labios no consiguen agarrar el duro y redondo tallo. La cría se da por vencida y da un codazo a su madre. Beberá más leche cuando vuelvan al agua. A los seis u ocho meses, la cría dejará de mamar porque le seguirán creciendo los dientes.

media está entre 10 y 15. Los animales comen solos, pero las crías permanecen cerca de sus madres. Después de comer, los hipopótamos pueden dormir en suelo arenoso y volver al agua por la mañana.

La única relación estrecha en una hinchada es entre una madre y su cría. Una madre puede estar rodeada de hasta cuatro de sus crías nacidas consecutivamente. Se quedan con ella durante años. Mientras tanto, la cría más joven duerme la siesta, juega y mama bajo su atenta mirada. Aprende nuevas habilidades, como caminar bajo el agua. Las crías crecen rápidamente, sobre todo los primeros años.

(12) MESES

- Pesa 227 kg (500 libras)

PRIMER PLANO

¡Mío!

Los hipopótamos son muy territoriales. Quieren que los demás sepan dónde está su tierra y con quién viven. El macho líder, o dominante, utiliza su larga cola para lanzar su **estiércol** sobre el suelo y otros hipopótamos, marcándolo todo como suyo.

FAMILIA  DESTACADA

Pruébalo

Cae la noche. Todos los hipopótamos de la manada salen del agua y se dirigen por el camino trillado hacia la pradera. La madre de la cría se aparta de los demás y empieza a rasgar la suave hierba con los labios. La cría observa. Huele la hierba e imita a su madre, tirando de las hojas cortas. La cría no es tan fuerte como su madre. Su cabeza no gira lo bastante rápido ni con la fuerza suficiente para arrancar bien la hierba. Pero vuelve a intentarlo.

Los hipopótamos DUERMEN bajo el agua, subiendo a la superficie para respirar sin despertarse.

7 AÑOS

- Los machos empiezan a luchar mandíbula contra mandíbula
- Los machos empiezan a "bostezar" o a amenazar.

PRIMER PLANO

En la parte superior

Las orejas y los ojos saltones de un hipopótamo están en la parte superior de la cabeza. Las fosas nasales están en la parte superior del hocico. Gracias a estas características, el hipopótamo puede respirar con todo el cuerpo sumergido. También puede vigilar su entorno.

CAPÍTULO TRES

LECCIONES DE LA VIDA

Una hembra de hipopótamo común, o vaca, está lista para aparearse cuando tiene entre 7 y 15 años. Un hipopótamo macho, o toro, está listo para aparearse un par de años antes. Un macho dominante con mucho terreno o territorio tendrá más éxito en el apareamiento.

Los hipopótamos macho son muy territoriales en lo que respecta a sus derechos de apareamiento. Los toros hacen lo que se llama "muladares de estiércol", o montones de caca, en los caminos y bordes donde sus territorios se encuentran con el agua. Los toros añaden más estiércol cada noche cuando pastan. Los machos también se muestran defensivos cuando se encuentran con otros machos en la frontera de sus territorios. Se lanzan estiércol con la cola.

El apareamiento entre hipopótamos suele producirse durante la estación seca. Un toro corteja a una vaca "silbando". Los dos se aparean en el agua, con la hembra completamente sumergida. El embarazo dura ocho meses. Cuando da a luz, nace un ternero. Los gemelos son raros. El toro no suele acercarse a

7.5 AÑOS

- **Las crías dejan a sus madres**

la cría. En libertad, los hipopótamos viven unos 40 años. En cautividad, pueden vivir unos 10 años más.

Los hipopótamos pigmeos están en peligro de extinción. Puede que queden menos de 3.000 en su hábitat nativo. Los seres humanos talan o queman su hábitat y contaminan los ríos donde nadan. Se cree que el leopardo es su único depredador natural. Los hipopótamos pigmeos son más tímidos que los hipopótamos comunes y prefieren huir a luchar.

Las hembras de hipopótamo pigmeo suelen parir una cría tras un embarazo de seis a siete meses. Como la cría no puede andar bien, la madre la esconde entre los arbustos mientras come. Los hipopótamos pigmeos suelen vivir solos o en pequeños grupos familiares. Su esperanza de vida es unos 15 años menor que la del hipopótamo común.

FAMILIA  **DESTACADA**

Así se hace

El ternero, que ya tiene seis meses, está bajo el agua bebiendo lo último de la leche de su madre. El sol se está poniendo y es hora de que la cría paste. La cría levanta la cabeza, respira hondo y sigue a su madre fuera del agua. Los hipopótamos caminan por el sendero pisoteado. La cría y su madre se separan de la hinchazón y encuentran una zona frondosa. La madre empieza a comer. La cría coge un poco de hierba con los labios, la arranca moviendo la cabeza de un lado a otro y tritura la comida con sus molares aún en crecimiento.

PRIMER PLANO

Sudor de sangre

Los hipopótamos **segregan** un "sudor" rojo sangre que no es sangre ni sudor en absoluto. Es un protector solar, una loción y una crema antimicrobiana a la vez. Esta secreción aceitosa ayuda a proteger la piel de los hipopótamos cuando están fuera del agua.

(10) AÑOS

- Las hembras dan a luz a la primera cría

(25) AÑOS

- Las hembras dejan de crecer (los machos nunca dejan de crecer)

PRIMER PLANO

Vocalización

Los hipopótamos se comunican entre sí mediante bramidos, resoplidos, gruñidos y "jadeos". Algunos sonidos pueden alcanzar los 115 decibelios, es decir, el volumen de un martillo neumático, y pueden transmitirse a más de 1,6 km (1 milla) de distancia.

FAMILIA DESTACADA

La práctica hace al maestro

A los cuatro años, el joven hipopótamo ha crecido. Y tiene dos hermanos. La madre se queda cerca de todos ellos, pero presta más atención a la cría que aún está amamantando. Justo antes de la puesta de sol, el joven hipopótamo saca del agua a su madre, a su nueva cría y a su hermano de dos años. Se dirigen por el sendero con el resto de la manada hacia la pradera. Una vez allí, el joven hipopótamo toma distancia entre la densa vegetación. Arranca un poco de hierba y la tritura mientras el sol se desliza por el horizonte.

El hipopótamo es el poderoso "CABALLO DE RÍO" DE ÁFRICA.

40 AÑOS

- Fin de la vida en libertad

50 AÑOS

- Fin de la vida en cautividad

CAPÍTULO CUATRO

AYUDANDO AL HIPOPÓTAMO

Los hipopótamos son uno de los animales más mortíferos del mundo. Cada año mueren hasta 500 personas por ataques de hipopótamos. A menudo, los enfrentamientos se producen porque los hipopótamos son territoriales por naturaleza. A medida que la gente urbaniza y expande sus granjas y ciudades, se encuentran compartiendo espacio vital con los hipopótamos. Una respuesta es matar a los animales. Sin embargo, los hipopótamos son esenciales para su **ecosistema**. Su estiércol fertiliza la vegetación y su pastoreo mantiene abiertas y fluidas las vías fluviales.

Muchas organizaciones trabajan por un futuro largo y positivo para los hipopótamos salvajes. El Santuario Comunitario de Hipopótamos de Wechiau (WCHS), en Ghana, no sólo quería proteger a su población de hipopótamos en su hábitat natural, sino también recuperar su número cada vez menor. Un centro de procesado de manteca de karité emplea a la población local para proporcionar ingresos al espacio seguro. Esta colaboración beneficia tanto a las personas como a los animales.

La Unión Internacional para la Conservación de la Naturaleza (UICN) cuenta con un Grupo de Especialistas en Hipopótamos. Su objetivo es encontrar dinero para apoyar proyectos de investigación y conservación tanto del hipopótamo común como del pigmeo. Este grupo quiere asegurarse de que ambas especies estén en el planeta durante mucho tiempo.

Para luchar contra el rentable negocio de la caza ilegal, el príncipe Guillermo de Inglaterra y The Royal Foundation crearon en 2013 United for Wildlife. Esta organización trabaja con empresas de todo el mundo para proteger especies amenazadas como el hipopótamo. Las empresas ayudan a prevenir el comercio ilegal de vida salvaje y llevan a los tribunales a quienes ganan dinero haciéndolo.

El zoo de San Diego forma parte de una asociación internacional de vida salvaje que trabaja en la conservación para apoyar los ecosistemas de todo el mundo. Durante las horas diurnas, el zoo ofrece a los visitantes en línea una Hippo Cam en streaming para observar a los hipopótamos de las instalaciones.

Aún queda mucho por aprender sobre los hipopótamos. Un estudio realizado en 2024 por el Royal Veterinary College de Inglaterra descubrió que los hipopótamos se elevan por los aires cuando trotan. Estudiar el movimiento de los hipopótamos ayuda a los veterinarios de grandes mamíferos a comprender mejor a los animales que cuidan. También les ayuda a diagnosticar y tratar a los hipopótamos cuando tienen problemas para moverse.

Estudiar al hipopótamo y encontrar formas de conservar su hábitat, cada vez más reducido, beneficiará a todo el ecosistema. Estos esfuerzos protegerán al "caballo de río" de África durante generaciones.

INSTANTÁNEAS

El hipopótamo común es la subespecie más numerosa. En la actualidad viven entre 115.000 y 130.000 ejemplares en libertad.

Los hipopótamos comunes pueden trotar hasta 35 km (22 millas) por hora.

Las algas que crecen en los excrementos de los hipopótamos son un importante alimento para los peces. También transportan **nutrientes** a los cursos de agua para otros animales.

Los hipopótamos actúan como cortacéspedes, ayudando a controlar la vegetación alrededor de los humedales.

Hay hipopótamos hembras y machos, pero sólo hay un macho líder.

El hipopótamo pigmeo es la única otra subespecie. Su piel es de color negro verdoso.

Los hipopótamos pigmeos viven principalmente en los bosques y se alimentan de hojas, raíces y frutos caídos.

Mientras que los hipopótamos comunes tienen dos o tres pares de dientes incisivos, los hipopótamos pigmeos sólo tienen un par.

Cuando nace, un hipopótamo pigmeo pesa unos 5,9 kg (13 libras).

Aunque su nombre significa "caballo de río" en griego, el hipopótamo no está emparentado con el caballo. De hecho, uno de sus parientes vivos más cercanos es la ballena.

PALABRAS para saber

adaptación	un cambio en una especie para mejorar sus posibilidades de supervivencia en su entorno
ecosistema	una comunidad de organismos y su entorno
estiércol	desechos animales
hinchazón	un grupo de hipopótamos
instintivamente	automáticamente, sin haber sido aprendido
membrana	una fina capa de piel
nutriente	una sustancia que promueve el crecimiento y mantiene la vida
sabana	pradera con árboles dispersos
segregar	desprender o salir
sumergir	cubrir con agua o poner bajo el agua

Visita

ZOO DE CINCINNATI

Visita a Fiona, Fritz y los demás hipopótamos en su hinchazón.
3400 Vine Street
Cincinnati, OH 45220

ZOO DE FILADELFIA

Ven a ver a Unna y Cindy al primer zoo de América.
3400 W. Girard Avenue
Filadelfia, PA 19104

ZOO DE SAN DIEGO

Ve de cerca (incluso bajo el agua) a los hipopótamos.
2920 Zoo Drive
San Diego, CA 92101

COMUNIDAD DE WECHIAU SANTUARIO DE HIPPO

Esta zona comunitaria alberga una de las dos poblaciones de hipopótamos que quedan en el país.
Pueblo de Weichiau, Ghana, África

ÍNDICE